赢在教养力

时间岛◎著

三环出版社
SANHUAN PUBLISHING HOUSE

图书在版编目（CIP）数据

赢在教养力 / 时间岛著 . -- 海口 : 三环出版社（海南）有限公司 , 2024. 10. -- ISBN 978-7-80773-354-6

Ⅰ . K891.26-49

中国国家版本馆 CIP 数据核字第 20243ZQ257 号

赢在教养力
YING ZAI JIAOYANGLI

著　　者	时间岛
责任编辑	姜　嫚
责任校对	朱静楠
责任印制	万　明
选题策划	时间岛
特约编辑	周　萍
装帧设计	吕宜昌
出版发行	三环出版社（海口市金盘开发区建设三横路 2 号）
	邮　编　570216　邮　箱　sanhuanbook@163.com
社　　长	王景霞　总编辑　张秋林
印刷装订	三河市同力彩印有限公司
书　　号	ISBN 978-7-80773-354-6
印　　张	5
字　　数	35 千字
版　　次	2024 年 10 月第 1 版
印　　次	2024 年 10 月第 1 次印刷
开　　本	710 mm × 1000 mm　1/16
定　　价	39.80 元

什么是教养力？

尊重他人　　　衣着得体

耐心倾听　　　换位思考

珍惜食物　　　懂得感恩

好方法，
带你提升教养力！

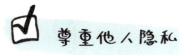 尊重他人隐私

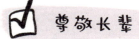 尊敬长辈

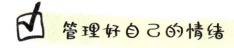 管理好自己的情绪

夏小佐

夏小佑

米娜

贾博

小佐小佑爸爸

小佐小佑妈妈

小佐小佑舅舅

苗校长

柏丽尔

肖老师

曹老师

贾老师

目 录

每个孩子都是一颗特别的种子，都有特别的性格。少儿时期是教养力培养的关键期，适当的引导可以让孩子们改掉自己的坏毛病，绽放出美丽的花朵！

惊喜变惊吓

尊敬父母是
中华民族传统美德

"三八"妇女节，正好赶上星期六。

吃过午饭，爸爸妈妈正在看电视，夏小佐和夏小佑走了过来。

"爸爸妈妈，今天是个好日子，你们不打算出去逛逛街，过过您俩的二人世界吗？"夏小佐的脸笑成了一朵花，妈妈立刻警觉起来。

"把我们轰出去，你们打算干什么坏事？"

夏小佐朝夏小佑使了个眼色，夏小佑心领神会

地拉着妈妈的手说："我们才不会干坏事呢，只是看您和爸爸平时又要工作，又要照顾我们，太辛苦了。想让您俩出去放松放松。"

"挺孝顺的嘛！"爸爸笑呵呵地站起来，对妈妈说，"既然孩子们都这么说了，那咱们俩就出去呼吸一下新鲜空气吧。"

"不要，电视剧正演到关键时刻……"妈妈蜷缩在沙发里，显然不肯挪动。

"真可惜……"爸爸故意叹着气说，"听说商场

今天大促销，尤其是女人们的衣服啦、化妆品啦……"

爸爸的话还没说完，妈妈噌的一下跳起来，拉着爸爸冲出了门外。

"爸爸妈妈，好好玩，晚上六点再回来！"

夏小佐和夏小佑目送着爸爸妈妈走远了，兴奋得击掌欢呼："成功啦！"

接着，夏小佐拿出手机，在微信群里发了个消息："爸爸妈妈已出门，都过来吧！"

很快，柏丽尔、贾博和米娜都来了。

夏小佐从床底下搬出一个箱子，夏小佑从书架后面拿出一个大塑料袋。

"箱子里面是装饰用的彩灯，塑料袋里是气球。今天是爸爸妈妈结婚十周年纪念日，我和小佑想给他们一个大大的惊喜，辛苦大家了。现在开始动手吧！"夏小佐说完，转身走进厨房，给大家端来了一盘饼干和几杯果汁。

柏丽尔他们看着这么一大堆东西，为难地说："任务很重啊！这些彩灯需要安装，气球要一个一个地吹起来，夏小佐，我们先干什么？后干什么？安排好了干活会更快。"

"不用那么麻烦，"夏小佐大大咧咧地说，"大家想干什么就干什么，只要在六点之前把东西准备好就行。"

听他这么一说，大家都去吹气球了，因为他们觉得吹气球很好玩。

过了一会儿，气球全都吹起来了，夏小佑想到一个问题："哥哥，气球放在哪儿？"

夏小佐朝四周看了看，说："先放地上吧，一会儿再说。我们先安装彩灯，这个最费时间。"

五个同学一起动手，一边聊天，一边安装彩灯，忙了半下午，终于把灯装好了。

夏小佐看了看墙上的钟表，已经五点半了，他有点儿着急了。

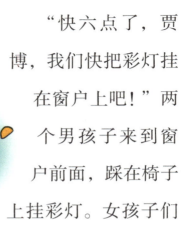

"快六点了，贾博，我们快把彩灯挂在窗户上吧！"两个男孩子来到窗户前面，踩在椅子上挂彩灯。女孩子们在厨房里刷洗盘子和杯子。

突然，夏小佐想起一件大事："糟了，忘记订蛋糕了。"

他跳下窗台，手忙脚乱地冲向沙发，一不小心踩在了气球上。

"啪！""啪！""啪！"

气球爆炸了，发出震耳欲聋的响声。

贾博吓了一大跳，手里的彩灯掉下来，摔坏了。

厨房里的女孩子们也吓坏了，手中的盘子掉在地上，摔得粉碎。

"完了！完了！全搞砸了。"

夏小佐又急又气，垂头丧气地坐在沙发上。这时，爸爸妈妈回来了。

"我的天啊，这是怎么回事？"妈妈一进门就尖叫起来。

"对不起，今天是你们的结婚纪念日，我和小佑想给你们一个惊喜，但是现在惊喜变成惊吓了，我

还忘了订蛋糕。"夏小佐低着头，脸红得像过年时候门上贴的春联。

"蛋糕我们早就订了。"爸爸把蛋糕放在桌子上，在屋子里绕了一圈，"看来你们今天下午干了不少事。"

夏小佐赶紧解释说："就是因为事情太多了，才会搞得一团糟。"

"不是这样的，"柏丽尔从厨房里走出来，"我之前提醒过你，最好先做个计划，安排一下先干什么后干什么，这样就不会乱。"

"你说得轻巧，这么多事，怎么安排？"夏小佐很不服气。

柏丽尔说："气球容易爆炸，最好晚点儿吹起来。我们应该先给蛋糕店打电话，预订蛋糕。然后安装彩灯，最后再吹气球。这样就什么也不会耽误了。"

大家都觉得柏丽尔的计划非常棒，对她赞不绝口。夏小佐却不满地说："干活之前你怎么不说？"

"因为我刚刚才想到啊！"柏丽尔调皮地笑了。

　　事情已经变成这样了，谁也没有办法，好在爸爸妈妈带回了蛋糕。

　　夏小佐说："刚才听了柏丽尔的话，我已经学会做计划了，接下来的事就让我安排一下吧！"

　　"好啊！"大家举双手赞成。

　　"同学们累了半天了，应该先请他们吃蛋糕，把他们送回家。然后，我和小佑打扫卫生，收拾残局，爸爸妈妈呢，就负责今天的晚饭吧！我这个计划怎

么样？"夏小佐忐忑不安地看着大家。

"棒极了！"大家异口同声地回答。

接下来的事情，完全按照夏小佐的计划进行。夏小佐和夏小佑送走同学，打扫完卫生之后，爸爸妈妈正好也把饭菜做好了。

虽然吃饭的时间晚了一点儿，中间还出现了一些小插曲，但爸爸妈妈还是感动地说："小佐小佑长大了，懂事了。"

父母抚养我们长大付出了很多心力，我们要懂得感恩，也为他们做一些我们力所能及的事。

——夏小佑

倒霉日

穿着要得体

夏天，六点半太阳就很高了。

夏小佐睁开眼睛，看了一眼窗外的太阳，尖叫起来："太阳晒屁股啦，要迟到了！"

"夏小佐，你睡糊涂了吧！现在才六点半。"妈妈从厨房里探出头来。

夏小佐看了一眼闹钟，松了一口气："我还以为八点半了呢！"

他躺在床上想睡个回笼觉，妈妈说："既然已经

醒了，那就快点
刷牙洗脸吧！"

　　"着什么急
呀，时间还早呢！"

　　夏小佐闭上眼睛，不一
会儿，夏小佑起床了。

　　妈妈又催促道："夏小佐，刷牙
洗脸！"

　　"来了！我先去方便方便。"夏小佐抱着一本漫
画书，走进了卫生间。爸爸看见了，提醒他："上厕
所看书，你的时间会被马桶冲走的。"

　　"不怕不怕，我今天起得最早了，有的是时间。"
他慢悠悠地翻着漫画书，
过了好长时间，才从卫生
间里出来。

　　"哥哥，你快点儿
吧！"夏小佑把夏小佐推

出去，赶紧刷牙、洗脸，然后乖乖地坐到椅子上吃饭。

夏小佐呢，磨磨蹭蹭，刷牙的时候欣赏眉毛跳舞，洗脸的时候玩水花游戏，等他洗完脸刷完牙，夏小佑已经背上书包准备出门了。

"小佑，等我一下，我跟你一起走。"

"我才不等你呢，你太磨蹭了。"

夏小佑自己背着书包走了，夏小佐不满地叨叨："时间还……"

话刚说到一半，他忽然看见了墙上的钟表，惊

出一身冷汗："七点四十五啦？"

这时妈妈端着牛奶走过来："快，把牛奶喝了，去上学。"

"不行，来不及了，我还没穿校服呢！"

夏小佐穿上校服，背起书包就跑了。

他一口气跑到学校门口，却被保安大叔拦住了。

"同学，你是几班的？"

"二年（1）班，叔叔，快让开，上课铃声马上就要响了。"

"不是，你怎么……"保安大叔话还没说完，夏小佐嗖的

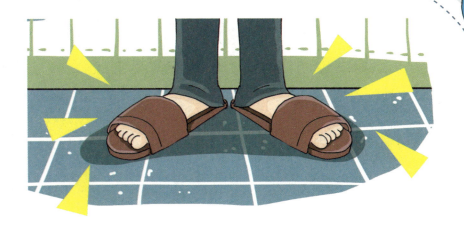

一下就跑远了。他刚跑到教室门口，上课铃响了。

他一个箭步冲进去，差点儿撞到曹老师身上。但是曹老师没有生气，而是看着他的脚发呆。

夏小佐正在纳闷，全班同学突然笑了起来。

"夏小佐，你怎么穿着拖鞋来上学了？"

"啊？"夏小佐低头一看，脸腾的一下就红了，"我出门太着急，忘记换鞋了。"他使劲低着头，跑到自己的座位上，拖鞋踩在地板上，发出啪嗒啪嗒的声音，同学们笑得更欢了。

因为穿着拖鞋，夏小佐没有上成他最喜欢的体育课，他后悔极了。

那个上午，夏小佐过得非常煎熬，因为他觉得大家一直盯着他的拖鞋看，感觉非常不自在。

终于，熬到最后一节课了。这节是阅读课，曹老师和同学们都在安安静静地读书。夏小佐心想："中午回家，一定要记得把鞋换回来。"

突然，他的肚子饿得咕咕叫起来。

"咕咕……""咕咕……"

声音一阵比一阵大，大家全都听见了。

"老师，教室里有怪声，好像是谁的肚子在唱歌。"贾博一边说，一边四处寻找。

"是啊，我也听见了。"夏小佐赶紧装出一副非常纳闷的表情，也低着头四处看。

可是，他的肚子不争气，发出的声音更响了。贾博耳朵尖，突然指着夏小佐的肚子大叫："是夏小佐的肚子在唱歌。"

四十双眼睛齐刷刷地看过来，冲着他哧哧笑。夏小佐真想找个地洞钻进去，太丢人了。

"笑什么笑，小心笑掉了下巴砸了脚面。"夏小佐没好气地说了一句，同学们笑得更欢了。曹老师也跟着笑了。

"有什么好笑的，我只是没吃早饭，肚子饿了。"夏小佐脸涨得通红。

这时曹老师忍住笑，给同学们讲解吃早饭的重

要性，提醒大家早晨一定要吃饱。同学们这才安静下来。

中午放学后，夏小佐和夏小佑走在回家的路上。想起这半天的经历，夏小佐说："倒霉！太倒霉了！今天就是我的倒霉日！"

"穿着拖鞋上学，课堂上肚子饿得咕咕叫，是够倒霉的。可是这能怪谁呢？你比我起得还早，却一直拖拖拉拉、磨磨蹭蹭的，结果把自己弄得忙忙碌碌，一团糟。这个倒霉日啊，是你自己造成的。"

"唉！以后可不能干这样的傻事了。太丢人现眼了。"夏小佐看着脚上的拖鞋，肚子又咕咕叫起来。

·成长心语·

　　每天都有很多事情要做，如果像哥哥一样，做事拖拖拉拉，就会在不知不觉中把时间浪费掉，最后还把自己弄得很狼狈。

——夏小佑

万岁，曹老师请假了

做一个不"欺软怕硬"的人

星期三早晨第一节课是语文课。上课铃响后，大家都安安静静地等着曹老师。可是，他们等了一会儿，曹老师还是没有来。

"曹老师从来不迟到。"

"她是不是生病了？"

"难道是记错课程表了？"

班长柏丽尔正想去办公室看看，一位年轻的女老师走进了教室。她扎着一个马尾辫，圆圆的眼镜

片后面藏着两只乌溜溜的大眼睛。

"同学们，你们好！刚才曹老师家里人来找她，说家里有急事。她请假回家了，今天的语文课由我来给大家上。我是新来的实习老师——王老师。"王老师还没有大学毕业，是来学校实习的。她显然非常紧张，说话的时候声音颤抖，手中的粉笔头被她捏的不停地掉粉笔屑。

其他同学除了有点儿担心曹老师之外，并没有什么特殊的感觉。但夏小佐心里却乐开了花。平时他最害怕的就是班主任曹老师，用贾博的话说就是：曹老师是如来佛祖，夏小佐是孙悟空。孙悟空不管再怎么蹦跶，都逃不出如来佛祖

的手掌心。不管夏小佐出什么幺蛾子，曹老师都有办法把他收拾得服服帖帖的。

所以，夏小佐对曹老师又敬佩又害怕。

每次上曹老师的课，夏小佐都坐得笔直，因为这是曹老师的要求，他不敢不遵从。但是现在曹老师请假了，"不管我干什么，曹老师都看不见"。夏小佐的身子像一摊烂泥巴一样，瘫在椅子上。

他冲着贾博挤眉弄眼，想找个同盟军。但贾博在专心听课，没有理他。

他朝柏丽尔扔了一个小纸团，柏丽尔一动不动，好像什么也没发生一样。

他一会儿看看夏小佑，一会儿瞅瞅米娜，发现大家都和平常一样，身体坐得笔直，眼睛盯着老师，在专心听课。

"这群小傻瓜，曹老师不在，也不知道让自己放松一下。下课后，我得给他们洗洗脑。"

夏小佐胡思乱想，身体像个毛毛虫似的，扭来

扭去，好不容易熬到了下课。

　　"你们几个真是榆木脑袋。"夏小佐眉飞色舞地说，"平时上课的时候，曹老师总是让咱们坐得像块木板一样直，多累呀！今天曹老师不在，放松一下不好吗？你们啊，真是不开窍。"

　　米娜说："把身体坐端正，可以让自己听课更认真，注意力更集中。这和曹老师在不在没有什么关系。"

　　夏小佑说："我是为了预防患上近视眼，提醒自

己坐端正的。"

柏丽尔说："我是班长，曹老师不在的时候，我更要给全班同学做好表率，不能松懈。"

夏小佐不屑地说："你们活得也太累了吧！该放松就放松，是不是啊，贾博？"

"嘿嘿，"贾博笑着说，"我是从电视上看到，坐姿不好容易让脊柱变形，那样就不帅了。所以，每次上课的时候我都提醒自己坐直一点儿。"

"嗬，你们的觉悟可真高。不和你们这些高人理论了，我去上厕所。"夏小佐

　　觉得挺没意思，一个人走出教室，一拐弯下了楼。

　　二年（1）班的教室在二楼，夏小佐看着楼梯扶手，突然冒出一个鬼主意。

　　"走下去多费力气，看我的。"他爬到扶手上，把身体坐稳，伸开双臂，大喊一声，"玩滑梯喽！"

　　"夏小佐，快下来！"柏丽尔一把抓住他。

　　"曹老师说过很多次，不让咱们把楼梯当滑梯用，你难道忘了吗？"

"又是曹老师，我看是曹老师给你们全都戴上了紧箍咒。她又不在学校，根本看不见，你紧张什么？"夏小佐推开柏丽尔，哧溜一下沿着楼梯扶手滑了下去。

突然，咚的一声，夏小佐一屁股坐在地上，摔得眼冒金星。

原来是他滑得太快太猛了，到了楼梯尽头没有刹住车。

来来往往的同学们看见了，赶紧叫来了校长和校医，校医给他做完检查，说："没什么

大事，只不过上课的时候会很痛苦。"

夏小佐在同学们的搀扶下，一瘸一拐地回到教室，屁股一碰到椅子，就火辣辣地疼。

为了不影响上课，老师只能让他在教室后面站着听课。三天以后，他的屁股好了，当然曹老师也知道了。

曹老师严厉地批评了夏小佐，让他记住屁股上火辣辣的感觉，要求他向其他同学学习，严格要求自己，不管别人是不是看得见。夏小佐再也不敢胡来了。

·成长心语·

　　我不应该在曹老师不在的时候就不听王老师的话，以至于得到了"火辣辣"的教训。

——夏小佐

我不是机器人

做一个
专心的人

在机器人博览会上，一个叫阿多的机器人吸引了大家的眼球。

阿多有三四岁的小娃娃那么高，身体两侧各有两只机械手臂，每只机械手臂的顶端都有一只机械手。

当引导员打开开关按钮，它的四只手就同时忙碌起来：一只写字，一只剥花生，一只叠衣服，还有一只正忙着把黄豆装进盒子里。

"太有意思了!"夏小佐惊奇地说,"我要是能练出这样的功夫多好,一只手写数学,一只手写语文,分分钟就能把作业写完,再也不用面对老妈的狮吼功了。"

柏丽尔摇摇头:"不太可能,阿多的程序是事先设计好的,所以它能同时做四件事。而我们人类精力有限,一般情况下只能专心做好一件事。"

"嘿,我偏就不信了,回家以后我就试试。"夏

小佐很不服气。

大家觉得夏小佐只是开玩笑，谁也没把他的话当回事，但夏小佐这次是动了真格了。

回家以后，他拿出两张纸放在左右两侧，左右两只手各拿了一支笔。夏小佑看见他神神秘秘的样子，问他："哥哥，你干什么呢？"

"做实验！"夏小佐叫住妹妹，"你来见证奇迹，看我能不能两只手同时做两件不同的事。"

夏小佑想了想，说："那好吧，你用右手写自己

的名字，左手画一条小鱼。"

"小菜一碟，这还能难住我？"夏小佐握住铅笔左右开弓。

可是一下笔，他发现真的很难。两只手根本不听大脑使唤，一会儿右手画出一道弧线，一会儿左手写出两个笔画，一会儿左手停下来，一会儿右手停下来。夏小佐使劲按着铅笔，急出了一身汗，结果右手写的名字七扭八歪，三个字都挤到了一起。左手的小鱼更糟糕，画成了一个黑疙瘩。

夏小佑笑得东倒西歪："哥哥，你画的这是没长腿的黑蜘蛛吧！"

"去！去！都怪你在这儿捣乱。"夏小佐还是不肯认输。

兄妹俩玩得正高兴，爸爸妈妈回来了。

妈妈进门就问："作业写完了吗？"

"没，马上就写。"夏小佑钻进自己的房间，认真写起来。夏小佐回到自己的房间，屁股上像扎了钉子一样，根本坐不住。

"六点了，动画片就要播放了。"他真想找个理由把爸爸妈妈支出去，可是想破了脑袋也没想出个理由来。他只好硬着头皮，强迫自己坐在椅子上写作业。

爸爸妈妈去厨房做饭了，厨房里不停地传来叮叮当当的声音，还有一阵阵香味飘进来。夏小佐又坐不住了："爸爸妈妈在做什么好吃的？是红烧肉吗？不对，好像是鱼香肉丝。"他歪着脑袋想啊想，口水都流到作业本上了。

过了一会儿，饭熟了。

爸爸妈妈轻轻地敲兄妹俩的房门，同时问："作业写完了吗？开始吃饭了。"

"写完了！"兄妹俩从房间蹿出来，就像恶狼看见了肉一样，一眨眼就把桌子上的饭菜吃光了。

吃饱喝足后，是非常重要的家庭活动——检查作业！

夏小佑把作业交给妈妈，夏小佐把作业交给爸爸。

爸爸看着看着，突然爆笑起来："哈哈，小佐，你写作业的时候是不是一心二用来着？"

夏小佐狡辩道："没有没有，我写作业的时候非常专心。"

"好，那我来读读你造的句。"爸爸拼命忍住笑，读道："我一边写红烧肉，一边吃作业。"

"哈哈……"爸爸话音还没落，夏小佑和妈妈就捂着肚子笑起来。

爸爸说："下面还有呢！鱼香肉丝今天吃了一盘我。"

"夏小佐变成了一盘菜。"

"作业怎么吃啊？"

"哈哈……"

又是一阵爆笑声。

爸爸擦了擦眼角的泪水说："夏小佐，写作业的时候三心二意，就是这样的结果。"

"好啦，好啦，这次我终于相信我不是机器人，不能像机器人那样同时干很多件事了。"

"嗯，"妈妈点点头，突然严肃下来，"人不能太贪心啊，能够专心把一件事情做好，就已经很了不起了，你还是先去重新把这两个句子改一下吧。"

夏小佐拿着作业本，蔫头耷脑地回到自己的房间。夏小佑提醒他："千万不要再三心二意哦！"

·成长心语·

做事情要专心致志，不能三心二意！饭要好好吃完，不能浪费！作业也要按时完成，不能马虎！

——夏小佑

加油，柏丽尔

> 做一个懂得
> 换位思考的人

课间，柏丽尔、米娜和夏小佑在校园里玩儿。忽然，柏丽尔看见宣传栏上贴着一则招聘启事。

招聘启事

学校广播站要招聘一名男同学和一名女同学做播音员，请有意加入广播站的同学找教音乐的肖老师报名，参加面试。报名截止日期为本周五下午,请大家抓紧时间。

2024 年 8 月 15 日

校广播站

校园招聘启事

"广播站啊！你们想不想去报名？"柏丽尔兴奋地问米娜和夏小佑。

米娜说："我想加入画画社团，可能会没有时间。"

夏小佑说："算了吧，我对广播站的工作不太感兴趣。"

"既然这样的话，"柏丽尔高兴地转了一个圈儿，"那我就去报名了。"

夏小佑拍着手说："好啊，如果你面试成功了，以后全校同学都能听见你的声音了。"

柏丽尔在其他方面挺自信的，唯独对自己的声音不太自信。听到这句话，她突然犹豫了："我的声

音不好听，万一被同学们笑话怎么办？"

"不会的，你的声音很有特点。"

"对啊，我们都很喜欢。"

虽然夏小佑和米娜不停地说着安慰和鼓励的话，柏丽尔还是有点儿下不了决心。"算了吧，我再想一想。"她拉着两个好朋友回了教室。

转眼，三天过去了。

周五下午，夏小佑问柏丽尔："你报名了吗？"

"没有，"柏丽尔小声说，"肯定有很多人去报名面试，万一我没被选

哇~~哇！

上，多丢人啊！"

"是够丢人的！"夏小佐突然从柏丽尔身后跳出来说，"你还没去报名，怎么知道自己会被淘汰呢？既然想去广播站，那就勇敢地去试试呗！瞻前顾后，前怕狼后怕虎，可不是班长的风格哦！"

柏丽尔大吃一惊："夏小佐，你怎么知道我想加入广播站？"

"是我告诉他的。我还给他交代了一项特殊的任务。"夏小佑说着羞涩地笑了。

"什么任务？你们兄妹俩在打什么哑谜？"柏丽尔被他们说糊涂了。

夏小佐嘿嘿一笑："就在三分钟之前，我已经给你报上名了。"

"啊！"柏丽尔差点儿惊掉下巴。

夏小佑说："我怕你拿不定主意，错过这次机会，所以让哥哥帮你去报名了。我知道你的脾气，只要报上名了，你肯定会去参加面试，不会退缩的。"

"好吧，那我先谢谢你们了。"柏丽尔非常感动，但很快她又焦虑起来，"夏小佐，你整天说我是大嗓门，我的声音是不是很难听？"

"你的嗓门嘛，是大了一点儿……"夏小佐说到一半，夏小佑突然对他挤了挤眼睛，然后他嬉皮笑脸地说，"不过，你的声音还是非常好听的，就像森林里的百灵鸟，只不过声音大了那么一点儿。"

"真的吗？"柏丽尔激动得差点儿跳到天花板上。

夏小佑对柏丽尔说："你一定会被选上的，加油哦，柏丽尔。"

"加油！"柏丽尔用力握紧了拳头。

两天后，广播站的面试活动开始了。

嗬，报名的还真不少，从一年级到六年级，每个班都有。

柏丽尔看着长长的队伍，心里直打鼓。

"夏小佑、米娜，你们听，大家的声音都很好听。我要是选不上，全班同学都得笑话我，我以后在班里就抬不起头来了。不行，不行，我要撤了。"

"柏丽尔，"夏小佑严肃地说，"你喜欢广播站的工作吗？"

柏丽尔点点头："喜欢，我一直非常喜欢听广播，但我听的都是别人的声音，我怕自己会做不好。"

夏小佑说："既然喜欢，就大胆地去试一试啊！没试过怎么知道行不行。"

米娜也说："错过这次机会，你一定会后悔的。大胆地走进那扇门吧，我和小佑，还有全班同学，都会为你加油的。"

"好吧，试试就试试！"柏丽尔做了几个深呼吸，把心一横，走进了面试的房间。

第二天，面试结果出来了。柏丽尔落选了。

夏小佑和米娜刚要安慰她，她却潇洒地说："没关系，我已经大胆尝试过了。走，我们去吃冰激凌。"

三个小姑娘一边说一边走，柏丽尔爽朗的笑声

穿透云层，飞到天上去了。

不过，这次谁也没觉得她的嗓门大，反而觉得她的笑声非常好听。

细心的米娜

要善于发现别人的优点

春天，亲手种上一棵树，看着它健康长大，这是多么有成就感的一件事啊！

恰好，晚报上有一个植树活动，正在招募植树志愿者。夏小佐赶紧把这个好消息告诉了夏小佑、贾博、柏丽尔和米娜。大家兴致勃勃，立刻在微信公众号上报了名。

3月12日，一行人在报社门口上了公交车，浩浩荡荡地到了一座荒坡上，运送树苗的大卡车已经

到了，工人们正在忙着把车上的树苗卸下来。

领队的老师交代完注意事项，大朋友小朋友们就开始行动了。

夏小佐把他们五个人分成了两组，他和米娜一组，贾博、夏小佑和柏丽尔一组。

夏小佐正在用铁锹挖坑，忽然看见贾博搬着两棵树苗走过去，他怕树苗被别人搬完了，就把铁锹交给米娜，说："你负责挖坑，我去抢树苗。"

他跑到大卡车下面，连拉带拽地抱回来四棵小树苗。可是，米娜却非常不顺利，她从来没使用过铁锹，力气又太小，累了个大红脸，而且一铁锹土也没挖上来。

　　夏小佐看不下去了，说："米娜，你去打水浇树吧，我来挖坑。"

　　"对不起，我力气太小了。"

　　米娜提着水桶走了，夏小佐把坑挖好，把树苗

放进树坑里，让夏小佑帮忙扶着，再把树坑填平。

第一棵树种好了，但米娜还没有回来。

第二棵树种好了，米娜还是没回来。

"柏丽尔，你去看看米娜怎么回事，怎么还没回来呢？"夏小佐非常不放心。

柏丽尔也很担心，赶紧去打水的地方寻找米娜，走到一半，她看见米娜提着一桶水一步一晃地往前走着，走两步歇一步，看起来非常累。

"米娜，你怎么了？"

"柏丽尔，你来得正好，这个水桶又大又沉，我拎不动。"

"没关系，我来帮你。"柏丽尔找来一根棍子，两个人抬着水桶回来了。

夏小佐看见米娜，不高兴地嘟囔起来："别人已经种了好几棵了，我们连一棵也没种好。"

"对不起，都怪我力气太小，耽误大家了。"米娜觉得非常难为情，低着头，咬着嘴唇，眼泪在眼

睛里直打转。

"夏小佐，"贾博见情况不太妙，赶紧出来打圆场，"这又不是比赛，你着什么急呀？"他接过米娜手中的棍子，和柏丽尔一起把水浇了下去。

夏小佑把米娜叫到自己身边，让她帮忙扶着树苗，才没让她哭出来。

夏小佐不说话了，但他还是很不高兴，闷着头自己挖坑，挖好坑又气呼呼地拿起一棵树苗。忽然，他的手指一阵火辣辣的疼。

"哎呀！"

大家仔细一看，夏小佐的手指头被树枝划伤了，鲜红的血液顺着伤口流了出来。

"创可贴！有人带着创可贴吗？"柏丽尔急坏了，大声喊了起来。

"我有！"米娜从她的上衣口袋里拿出一个创可贴。柏丽尔拿过创可贴，就要贴到夏小佐的伤口上。

米娜拦住她，说："这样不行，伤口上有土会沾上细菌的，应该先把伤口清洗一下再贴。放心吧，我这是防水的创可贴。"米娜拉着夏小佐来到水管旁，轻轻地帮他把伤口清洗干净，然后小心地把创

可贴贴在夏小佐的伤口上。

"米娜，你可真细心啊！"

"不但细心，还很贴心。"

看着米娜这么精心地照顾夏小佐，大家都感慨起来。夏小佑吃惊地问："米娜，你怎么想到带创可贴的？报名的注意事项上没有提到啊！"

米娜说："我知道植树要用到铁锹，那个大家伙太锋利了，我害怕有人受伤，所以随身带了几个创可贴。"

"太明智了。"夏小佑说。她发现夏小佐到现在一句话也没说呢，她有点儿看不下去了，对夏小佐说："哥哥，米娜这么帮你，你怎么连声'谢谢'也不说呢？"

"谢谢……"夏小佐红着脸说，"除了谢谢，还有对不起。刚才我只顾着指责你，没发现你的优点。"

"现在发现也不晚。"柏丽尔想了想说，"罚你回去的时候在车上好好想一想我们每个人的优点，每

人至少说五个。"

"哇!"米娜高兴起来,"这个惩罚好!我们大家一起玩找优点的游戏吧!"

"好!就这么办!"

大家一边互相寻找着优点,一边植树,没用多长时间,荒坡已经变成绿色的小树林了……

成长心语

　　每个人都有优点和缺点。只盯着别人缺点看的人,永远得不到真正的快乐。相反,学会寻找和发现别人身上的优点,不但能收获友谊,还能收获真正的快乐。

　　　　　　　　　　　　　　——夏小佐

风筝飞起来了

失败不可怕，
积极寻找原因，
一定能将事情做好

春天多风，是放风筝的好时节。于是，学校临时决定，利用一下午的时间，举办一个风筝节，让全校老师和学生自己动手制作风筝，感受春天的气息。

夏小佐主意多，把四个小伙伴叫到一起，说："每个人做一个风筝没创意，咱们五个做一个大风筝吧！"

"好啊！"大伙儿都认为这是一个好主意。但是

做一个什么形状的风筝呢？

　　米娜说："做燕子风筝。"

　　贾博说："做孙悟空风筝。"

　　夏小佑说："做小白兔风筝。"

　　柏丽尔说："做小猪佩奇风筝。"

　　"不行不行，这些都太普通了。"夏小佐踱着步子走来走去，突然，他眼前一亮，一拍脑门，说："有了，咱们做一个长长的蜈蚣风筝，那才威风呢！"

"好好好，就做蜈蚣！"

"这个主意好极了！"

"夏小佐的脑袋瓜就是灵！"

哈，全票通过！接下来就是着手准备了。

夏小佐和夏小佑在网上搜索教程，然后打印出来，大家一起研究需要准备什么材料，再分头准备。

柏丽尔平时经常做手工，家里储备了不少彩纸，她从里面挑出了 20 张红色的，做蜈蚣的身体。夏小佑从超市里买了几个毽子，把上面的鸡毛拆下来，做蜈蚣的脚。贾博的爷爷家有竹子，所以他负责准备薄竹片，当然这需要爷爷的帮忙，爷爷是这方面的行家。米娜负责准备把蜈蚣身体串在一起的绳子，还有放风筝要用的线轴。

一切都准备好之后，大家聚在夏小佐家里忙活起来。

这对于他们来说可是个大工程，忙了整整一天，

天快黑的时候，大家才把风筝做好了。

第二天，夏小佐和夏小佑把风筝装在一个大塑料袋里，拎着来到了学校。同学们都围拢过来，想看看袋子里装的是什么，但夏小佐说什么也不让看。

"别着急，下午风筝节上，你们就看到了。现在看了，就不新鲜了。"

他当起了保护风筝的小卫兵，人走到哪里，就把袋子拎到哪里，就连上厕所都随身带着，吊足了

同学们的胃口，惹得大家心里直痒痒。

终于到下午了。

校长愉快地宣布："风筝节正式开幕。"

老师和同学们在欢呼声中放起了自己的风筝。大伙儿的风筝真是五花八门：有方形的，圆形的，三角形的，心形的；有公主、王后、国王、王子，还有巫婆；有大熊、小象、老鼠、花猫，还有大河马；有太阳、月亮、星星，还有像锅一样大的雪花，看得人眼花缭乱。

"快，放飞我们的风筝吧！"夏小佐带着伙伴们来到一片空地上。

他们把风筝从袋子里拿出来拉开，立刻有人尖叫起来："哇！夏小佐他们的风筝好大呀！"

可不是嘛，有二十节身体的蜈蚣，好几

米长呢，足够吸引所有人的眼球。

"各位，睁大眼睛仔细看着，我们的风筝要飞起来了。"四个伙伴站在两侧，双手托着风筝，夏小佐手握线轴，慢慢向前跑起来。

"呼啦啦——"

风筝离开四个小伙伴的手，飞了起来。

"飞起来……"

大伙儿喊到一半，突然停了下来。因为，蜈蚣风筝还没飞起来，就落回到了地面上。

"飞不起来算什么风筝啊！"同学们失望极了。

夏小佐和伙伴们不服输，又试了几次，但结果都一样，他们的蜈蚣风筝根本飞不起来。

看着别人的风筝高高地挂在天上，夏小佐他们就像吃了一把怪味豆，心里真不是滋味。风筝节还没结束，他们就灰溜溜地回了教室。

"如果做好之后，我多试几次，就不会出现这样的问题了。是我把问题想得太简单了，害大家出丑，

我对不起大家。"夏小佐做了深刻的自我批评。

其他小伙伴心里虽然很失落，但也没有互相埋怨，回家以后，夏小佐立即对照着教程，寻找出问题的地方。十几分钟后，他终于有了新发现。

"小佑，快来，我知道问题出在哪儿了。是我们的竹片太厚了。"夏小佐激动得叫了起来，"你看，教程上写着尽量把竹片削薄一点儿，做的时候我怎么没发现呢。"

"我当时太兴奋、太着急了，也没发现。这次风筝做失败了，

我也有责任。"夏小佑非常自责。

找到问题以后，兄妹俩决定不惊动其他伙伴，自己动手修改。

一天傍晚，夏小佐和夏小佑把贾博、米娜和柏丽尔叫到小花园里。在大家疑惑的眼神中，放飞了风筝。

风筝高高地飞了起来，还发出"呜呜呜"的哨声。原来，夏小佐在改进风筝的时候，在蜈蚣身上安了一个哨子。

"我们的风筝飞起来了！"

"小佐、小佑，你们俩太棒了！"

"我觉得跟做梦一样。"

贾博、米娜和柏丽尔激动得拍着手，又蹦又跳。

过了一会儿，大家玩够了，慢慢把风筝收回来。柏丽尔说："其实，上次风筝飞不起来，我也有责任，不能全怪夏小佐。"

"我们也有责任。"贾博和米娜也做起了自我

批评。

"不管怎样，我们已经成功了，大家就不要自我批评了。我们应该好好庆祝一下，不是吗？"夏小佐说完，愉快地笑了。

　　放风筝失败以后，夏小佐没有发脾气，而是做了自我批评并认真寻找失败的原因，他改进了风筝之后，赢得了大家的信任和尊敬。这就启示我们，遇到挫折的时候，只有积极寻找原因并努力改进才能将事情做好。

——贾博

多谢了，老妈

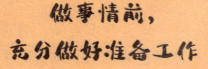

做事情前，
充分做好准备工作

一个秋高气爽的早晨，夏小佐和夏小佑正在睡懒觉，突然被爸爸的尖叫声惊醒了："哇，今天天气真好啊！万里无云、碧空如洗，这么好的天气可不能浪费，咱们去郊游吧！"

"老爸，"夏小佐从枕头下面探出头，"你今天吃了跳跳糖了吗？怎么这么兴奋？"夏小佑也嘟囔起来："我还想再睡一会儿。"

"别睡了！别睡了，我们来场说走就走的旅行，

潇洒走一回。"爸爸说着说着就要开唱了，妈妈赶紧打断他，对兄妹俩说："你们要是再不起床，爸爸就要唱歌啦！"

爸爸的歌声简直就是鬼哭狼嚎，比恐怖片还恐怖呢！夏小佐和夏小佑蹭的一下从床上跳起来，刷牙洗脸、穿好衣服，准备出发。

"哎——等一下。"刚刚出门，妈妈又返回来，把冰箱里的面包、牛奶、香肠、苹果……装了满满一塑料袋，就差把冰箱装进去了。

"你拿这些干什么？"爸爸吃惊地问。

"当然要拿上，一会儿饿了怎么办？"

爸爸摇摇头："不会的，现在生活这么便利，只要带着手机，到哪儿都饿不着。"

夏小佐和夏小佑也觉得妈妈太啰唆，不够洒脱。但不管大家说什么，妈妈还是执意把食物都带上了车，她说这叫有备无患。

郊外有一大片风景区，里面的树林变成了金黄色，漂亮极了。一家人一边慢悠悠地散步，一边欣赏着美丽的秋景，不知不觉就到了中午。

爸爸想带大家去吃一顿大餐，可是他转了一大圈儿，连个卖面包的地方都没找到。

"嘻嘻，这是刚刚开发的景区，里面的设施还不太完善，没

有吃饭的地方。"爸爸的脸笑成了一朵花，讨好妈妈，"还是你有先见之明，提前准备好了食物。"

"嗯，"妈妈得意地点点头，"以后出来潇洒，也得先惦记着填饱肚子。饿着肚子，看你们还怎么潇洒！"

"嘻嘻，老妈说得对。要是没有老妈的有备无患，我们就得饿肚子喽！"

"多谢了，老妈！"

父子三人说着好听的话，把妈妈哄得团团转，妈妈突然找到了一种扬眉吐气的感觉，立刻摆出了女王范儿。

爸爸把食物从车上拿下来，四个人吃饱喝足以后，袋子里还剩下不少。爸爸把袋子放进车里，又带着一家人尽情地玩起来。

转眼间，时间已经到了傍晚。

"好啦，秋季一日游到此结束，我们打道回府吧！"

爸爸高兴地开着车往回走，夏小佐、夏小佑和

妈妈一起哼着歌，好幸福啊！

可是，走到半路突然下起雨来。司机们不敢开得太快，只能慢腾腾地往前挪，车越聚越多，越走越慢，最后居然停了下来。

唉——堵车了！

"真倒霉，"夏小佐抱怨起来，"什么时候才能到家呀？"

爸爸安慰大家："别着急，可能是前面出现了交通事故，很快就会通了。"

时间一分一秒地过去，天渐渐黑了下来。

一个小时的时间，汽车只往前走了十几米，距离回家还遥遥无期呢！

"咕噜！咕噜！"夏小佐的肚子开始叫了。他变得更加不耐烦，一会儿敲敲玻璃，一会儿唉声叹气。

"咕噜！咕噜！"夏小佑的肚子也开始叫了。她焦急地伸长脖子向车窗前面张望，可长长的车流根本望不到头。

他们俩的耐心随着窗外雨水溜走了，郊游的好心情也被冲得一干二净。他们正要发脾气，爸爸和妈妈的肚子也叫了起来。

"好饿呀！"爸爸不耐烦地跺着脚，把收音机打开又关上，一次次地重复着。

"哎呀，都安静点儿吧。"妈妈也忍受不了了。

人一旦肚子饿了，就会变得烦躁不安。夏小佐突然明白，妈妈为什么要在出发前准备很多食物了。

"食物！对！我们还有食物！"夏小佐灵光一闪，叫了起来。

"对啊，怎么把这么重要的事给忘了呢！"爸爸从后备箱里拿来食物，四只手在昏暗的灯光下伸过来，在袋子里钻进钻出，不一会儿就把食物吃光了。

肚子饱了，心情也变好了，爸爸打开收音机，一家人听着广播中的音乐，看着窗外的灯光和雨滴，要多惬意有多惬意。

"妈妈，"夏小佑崇拜地说，"谢谢你提前准备好了食物，要不然我可能早就急哭了。"

夏小佐也由衷地说："是啊，老妈可是能掐会算，知道今天会下雨、会堵车，才做好准备的。"

"我要有那么大的本事，早就飞上天了。"妈妈咯咯地笑起来，"我只不过是在脑子里想了一下，路上可能会遇到的情况，提前做了准备而已。玩潇洒，是要付出代价的！"

"是！是！是！"爸爸愧疚起来，"幸亏妈妈想得周全，不然让我饿着肚子开车，后果不堪设想。

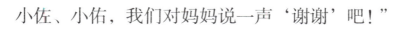

小佐、小佑，我们对妈妈说一声'谢谢'吧！"

"多谢了，老妈。"三个人一起喊了起来。

喊完之后，爸爸才觉得不对劲儿："我怎么也跟着你们一起叫老妈呢，真是急糊涂了。"

"哈哈……"

一家人开怀大笑。

窗外的雨小了，一阵阵香味从路边的房子里飘了出来，车流终于动起来了。谢天谢地，马上就要回到温暖的小家了，这次郊游真是让人印象深刻呀！

爸爸没有做好周全的准备，就要带我们来一场说走就走的旅行，还好妈妈在出发前考虑了路上可能会遇到的情况，提前做了准备，带足了食物，让我们不至于饿肚子。

——夏小佐